Tadpole Books are published by Jump!, 5357 Penn Avenue South, Minneapolis, MN 55419, www.jumplibrary.com

Editor: Jenna Gleisner **Designer:** Molly Ballanger **Translator:** Annette Granat

Photo Credits: Lesya Pogosskaya/Shutterstock, cover; Africa Studio/Shutterstock, 1; bluedog studio/Shutterstock, 3; Daisy-Daisy/iStock, 2br, 4–5; Rob Marmion/Shutterstock, 2bl, 6–7; Shutterstock, 8–9, 14–15; manonallard/iStock, 2tl, 2mr, 10–11; Wavebreakmedia/iStock, 2tr, 2ml, 12–13; Toey Toey/Shutterstock, 16tl; PixieMe/Shutterstock, 16tr; Suzanne Tucker/Shutterstock, 16bl; didesign021/Shutterstock, 16br.

Library of Congress Cataloging-in-Publication Data
Names: Gleisner, Jenna Lee, author.
Title: La rutina de la mañana / por Jenna Lee Gleisner.
Other titles: Morning routine. Spanish
Description: Minneapolis, MN: Jump!, Inc., 2023.
Series: Las primeras rutinas | Includes index. | Audience: Ages 4–7
Identifiers: LCCN 2021059777 (print)
LCCN 2021059778 (ebook)
ISBN 9798885240239 (hardcover)
ISBN 9798885240246 (paperback)
ISBN 9798885240253 (ebook)
Subjects: LCSH: Morning customs—United States—Juvenile literature.
Classification: LCC GT3002.3.U6 G5418 2023 (print) | LCC GT3002.3.U6 (ebook) | DDC 394—dc23/eng/20211210
LC record available at https://lccn.loc.gov/2021059777
LC ebook record available at https://lccn.loc.gov/2021059778

LAS PRIMERAS RUTINAS

LA RUTINA DE LA MAÑANA

por Jenna Lee Gleisner

TABLA DE CONTENIDO

tadpole en español

PALABRAS A SABER

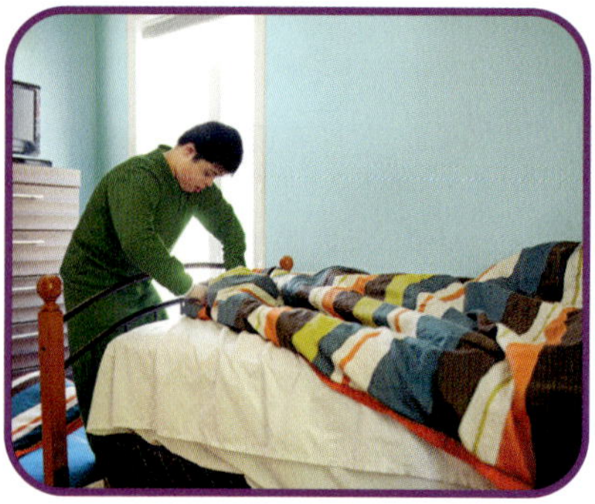

cama

comemos

desayuno

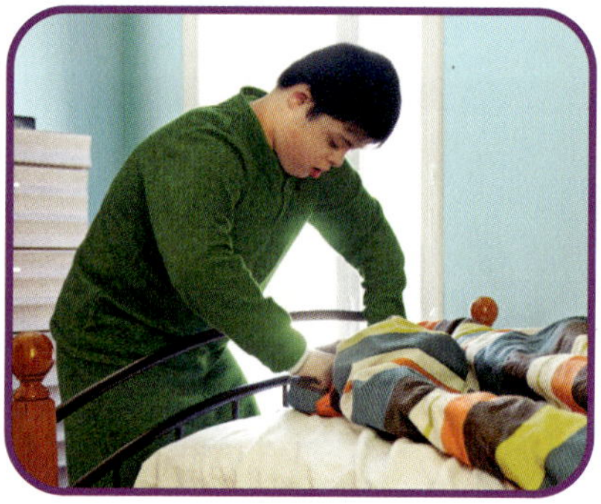

hace

se cepilla

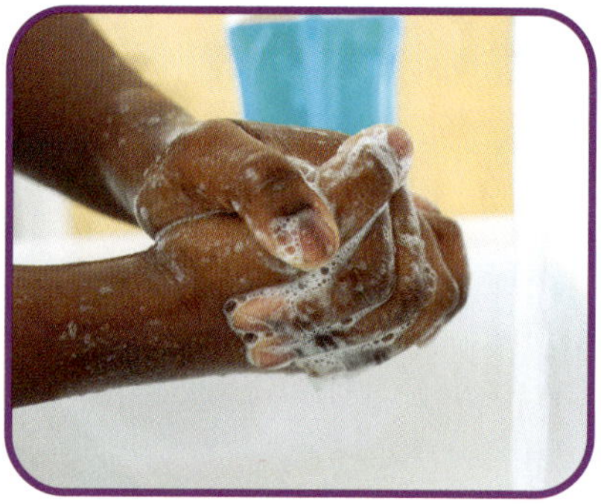

se lava

LA MAÑANA

¡Buenos días!

Él va al baño.

Se lava las manos.

cepillo

Ella se cepilla el cabello.

Él se cepilla los dientes.

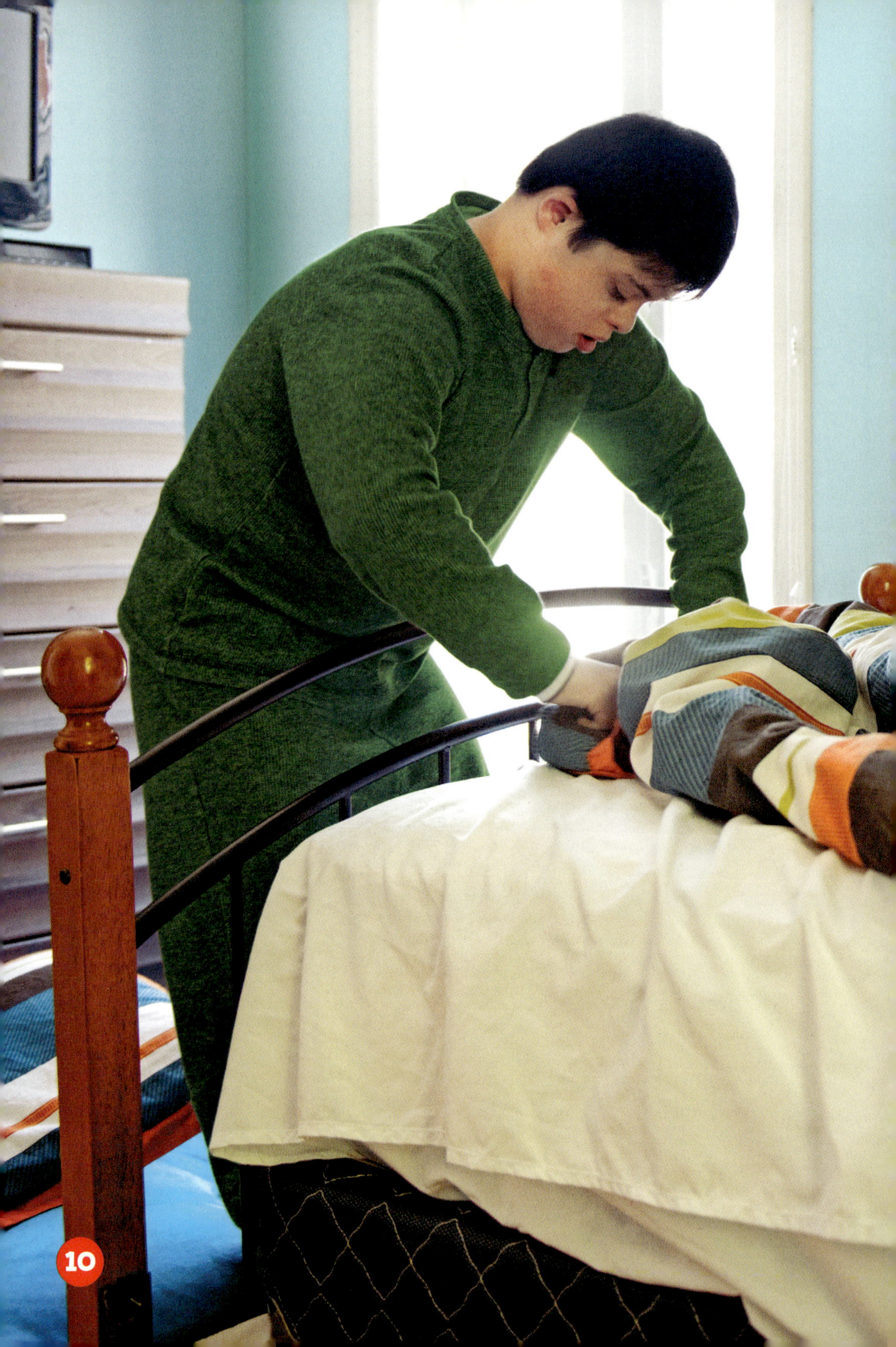

Él hace su cama.

Nosotros comemos el desayuno.

EMERGENCY EXIT

¡Estamos listos para ir a la escuela!

¡REPASEMOS!

¿Cuál acción de abajo no forma parte de la rutina de la mañana en este libro?

ÍNDICE